AF404253

LA
PROSE SYNTONIQUE

CHEZ LES GRECS

ET LES ORIGINES DU RYTHME DES MÉLODES

PAR

Le R. P. Edmond BOUVY

des Augustins de l'Assomption

NIMES

IMPRIMERIE LAFARE FRÈRES

1, square de la Couronne, 1

—

1886

Nîmes. — Imp. LAFARE frères, place de la Couronne, ?

AVANT-PROPOS

LA QUESTION

Cette courte étude de philologie est un chapitre détaché d'un ouvrage sur *les Mélodes* de l'Église Grecque. La question de la prose syntonique nous a paru d'un intérêt assez général pour être proposée séparément à l'attention et à la critique des philologues.

Telles qu'elles sont, ces pages résultent d'un travail personnel. Nous ne connaissons pas, il s'en faut de beaucoup, tous les livres de philologie grecque de la docte Allemagne, ni même tous ceux de nos hellénistes français : il se pourrait donc qu'un autre nous eût devancé dans la voie que nous croyons ouvrir ; mais de fait, en ce qui concerne *la syntonie*, nous n'avons trouvé que dans les auteurs anciens et le nom et la chose.

Nous résumons d'abord en un petit nombre de propositions, et sous la forme la plus précise, toute l'histoire de l'accent grec, considéré comme principe rythmique.

1. Élément purement qualitatif et musical du langage, distinct et indépendant de la quantité, l'accent grec élève la voix, sans allonger ni fortifier le son. Il est *l'âme du mot*, selon l'expression de Diomède, c'est-à-dire le principe logique qui fait du mot l'image de l'idée. La syllabe à l'état incomplexe

a déjà sa quantité propre et définie, mais le mot seul a un accent, parce que seul il est significatif.

2. La modification de hauteur produite par l'accent était au moins aussi sensible à l'oreille que le prolongement de durée causé par la quantité. On peut même dire, sans hésiter, qu'elle l'était davantage, puisqu'elle détachait la syllabe tonique des syllabes voisines en rompant l'unisson.

3. L'accent ne faisait pas partie intégrale du rythme métrique, il n'était gouverné d'aucune manière par les lois de la versification, mais en gardant toutes ses franchises naturelles, il exerçait sur la voix des rhapsodes, des acteurs, des choristes, et sur l'oreille des auditeurs, une influence considérable. Occupant à son gré toutes les places du vers, affectant tantôt les longues, et tantôt les brèves, l'accent demeura, pendant la période classique, l'*auxiliaire* de la quantité, et servit principalement à introduire la variété dans l'uniformité du rythme.

4. Outre cette influence générale exercée sur la versification, l'accent pouvait encore contribuer accidentellement à l'harmonie des périodes lyriques, en se disciplinant lui-même et en revenant symétriquement à des intervalles égaux. Ces correspondances toniques formaient un rythme de surcroît et de luxe, qui s'ajoutait au rythme nécessaire pour en augmenter la richesse et la perfection.

5. Toutefois l'accent était pour la quantité un allié dangereux. Cette syllabe brève, mais tonique, principe de l'unité du mot, centre de son organisme, en se faisant entendre au-dessus des autres, pouvait devenir un *rival* redoutable pour les syllabes longues ses voisines. Cette élévation du ton, pour être brusque et rapide, n'en était pas moins vive et pénétrante. Il s'établissait comme un contraste entre les temps forts de la quantité, syllabes lourdes et trainantes, et les temps forts de l'accent, alertes et incisifs. C'était l'accent qui groupait et resserrait autour de lui les syllabes éparses, quelle

que fût leur quantité, et qui, de ces éléments purement matériels, composait le mot expressif et vivant, avec sa physionomie propre et même sa sonorité d'ensemble. Ainsi dans la
prosodie métrique, où la quantité faisait tout le rythme, la
syllabe accentuée n'en était pas moins la syllabe dominante
et souveraine. Qu'il survienne donc une époque où la distinc-
tion des longues et des brèves ne soit plus faite que par les
érudits, où la science de la prosodie métrique, science très-
complexe et dernière création de la philologie, soit devenue
l'objet de l'indifférence générale, où les œuvres des poètes
classiques ne soient plus chantées et lues par plaisir, mais
étudiées comme les monuments d'une langue morte ; au
milieu d'une telle génération, l'accent, resté libre et florissant,
ne devra-t-il pas profiter de toutes les pertes de la quantité
métrique et se substituer peu à peu au principe même de
l'ancienne prosodie ?

6. Ces circonstances se présentèrent réellement dès les premiers siècles du christianisme : les efforts infructueux des
poètes, l'oubli dans lequel tombèrent toutes leurs œuvres
métriques, et surtout les innombrables fautes de quantité des
livres Sybillins témoignent que la prosodie tendait à dispa-
raitre, et avec elle, la prononciation légitime des mots, leur
étymologie et leur orthographe.

7. Heureusement l'accent tonique se trouvait alors assez
puissant pour prendre sous sa protection tous les éléments
menacés de la langue grecque. Il groupa autour de lui toutes
les syllabes, les concentra de plus en plus sous son action
et maintint par sa stabilité les flexions qui sans lui auraient
été caduques.

8. La prosodie en détresse s'appuya elle-même sur l'accent.
Certains poètes réformateurs cherchèrent à renforcer par
l'élément tonique les syllabes longues qui ne se suffisaient plus
à elles-mêmes. Les iambographes, par un procédé inverse,
donnèrent la compensation de l'accent à la pénultième brève
du trimètre.

9. Peu à peu, les longues marquées de l'accent n'eurent plus de relief que par lui, et les brèves accentuées effacèrent les longues qui ne l'étaient pas. Dès lors, l'ancienne prosodie n'était plus qu'affaire d'érudition.

10. Vers la fin du sixième siècle, il s'établit, entre le principe quantitatif et le principe tonique, une sorte de transaction. Les lettrés continuèrent à versifier à l'ancienne mode, en ménageant seulement à la fin des vers quelques correspondances toniques. L'accent de son côté, au lieu de poursuivre contre la quantité son œuvre de destruction, se contenta d'exercer sur les vers une influence discrète, une sorte d'action à distance, tandis qu'il établissait dans la prose des rythmes indépendants.

Ce sont ces rythmes nouveaux créés par l'accent dans la prose, dont nous allons raconter ici les origines et les premières manifestations.

Nous étudierons d'abord la *syntonie*, c'est-à-dire la correspondance des accents dans les incises de la phrase, soit à l'époque classique, soit pendant la période gréco-romaine. Nous verrons ensuite comment la syntonie s'étendit de la cadence finale à l'avant-dernier pied tonique et envahit ainsi peu à peu la phrase tout entière. Enfin nous constaterons, dans l'hymne ἀκάθιστος de Sergius, le triomphe définitif de l'accent, l'apparition d'une nouvelle prosodie et l'avènement d'un nouveau lyrisme.

LA PROSE SYNTONIQUE

CHEZ LES GRECS

ET LES ORIGINES DU RYTHME DES MÉLODES

I. — LA SYNTONIE DANS LA PROSE ORATOIRE
A L'ÉPOQUE CLASSIQUE

L'éducation primitive des Grecs s'était faite avec
la seule poésie. Quand la prose devint une œuvre
d'art, elle se soumit elle-même à certaines lois
rythmiques, moins exigeantes sans doute que celles
de la versification, mais qui avaient pourtant aussi
leur précision et leur rigueur. L'éloquence surtout,
habile ouvrière de la persuasion, devait plaire à
l'oreille pour atteindre l'esprit et le cœur. Ce besoin
d'harmonie était un péril pour le genre oratoire.
Certains sophistes, non contents d'une harmonie
calme et sévère, conforme aux libertés naturelles
de la prose et à la dignité de la parole publique,
se mirent à la recherche des cadences les plus musicales et des modulations les plus sonores. Dans
ces conditions, l'éloquence n'était plus qu'une
poésie déguisée, illégitime, insouciante des choses
et s'adressant aux sens plutôt qu'aux esprits. Gorgias affectait les tormes poétiques, les compositions

de mots inusitées et nouvelles, les διπλᾶ ὀνόματα, dont parle Aristote (1), et qui convenaient surtout au dithyrambe. En second lieu « Gorgias donnait aux phrases une construction symétrique particulière qui faisait l'effet de membres parallèles et correspondants entre eux, et donnait au tout le caractère d'une parole savamment mesurée. De ce nombre étaient les phrases d'égale longueur, celles qui se répondaient par la forme, celles enfin qui se terminaient de la même manière, ἰσόκωλα, πάρισα, ὁμοιοτέλευτα, et les mots analogues dans leur composition, ou produisant des sons semblables, presque des rimes, παρανομασίαι, παρηγήσεις, puis les antithèses, par lesquelles, outre l'opposition de la pensée en général, il s'agissait de faire correspondre toutes les parties et tous les points de détail (2). » L'accent jouait nécessairement un grand rôle dans ces symétries, ces antithèses, ces correspondances de toute nature. Lorsque Socrate plaisante des gentillesses de style de Polus, en l'appelant ὦ λῷστε Πῶλε, l'assonance tonique nous paraît plus sensible que l'allitération proprement dite.

Cette prose savante et tourmentée égara quelque temps le bon goût des Athéniens. Lysias lui-même se laissa séduire dans sa jeunesse, et le discours que lui prête Phèdre dans le dialogue de Platon, présente quelques caractères (3) de l'éloquence

(1) *Rhét.* III, 1. *Poét* : XXII.

(2) Otfr. Müller. *Hist. Litt. Gr.* T. III, p. 159.

(3) Nous disons *quelques caractères*, parce qu'il faut distinguer deux écoles de sophistes : « L'école poétique et théâtrale, représentée par Gorgias, qui, au milieu des applaudissements de toute

sophistique. Otfr. Müller a signalé cette phrase, où trois incises homéotéleutes appellent trois autres incises correspondantes, comme la strophe appelle l'antistrophe. Ἐκεῖνοι γάρ, dit l'orateur fictif (1),

> A. 1) καὶ ἀγαπήσουσι
> 2) καὶ ἀκολουθήσουσι
> 3) καὶ ἐπὶ τὰς θύρας ἥξουσι,
> B. 1) καὶ μάλιστα ἡσθήσονται
> 2) καὶ οὐκ ἐλαχίστην χάριν εἴσονται
> 3) καὶ πολλὰ ἀγαθὰ αὐτοῖς εὔξονται.

On pourrait remarquer dans ces mêmes pages beaucoup d'autres correspondances du même genre, où le *dactyle tonique* termine régulièrement les incises.

Lysias se sépara plus tard de l'école sophistique pour s'attacher à une éloquence plus vraie, et devenir le modèle de l'atticisme. Son style ne conserva « que cette harmonie naturelle, qui est celle de toute phrase bien construite et dont la conversation elle-même n'est pas dépourvue (2). » Isocrate opéra, dans le style de l'éloquence attique, une sorte de métamorphose. Ce n'est plus la diction sobre et austère de l'époque antérieure. La phrase d'Isocrate est riche et savante, comme celle des sophistes, mais riche d'une autre opulence, et savante dans

la Grèce, transportait dans la prose certaines qualités lyriques et l'école pratique, qui, née au milieu des troubles de Syracuse, chercha moins à briller qu'à persuader. Celle-ci dut viser davantage à la rigueur dans l'argumentation et à la précision du style : ce fut celle qui contribua à former Lysias. » J. Girard, l'*Éloquence Attique*. p. 43.

(1) *Phèdre*, VIII. p. 233.

(2) J. Girard, *ibid*. p. 45.

un autre art. Gorgias travaillait sur les mots, comme le ciseleur taille les pierres précieuses; Isocrate construit ses périodes, comme l'architecte élève des colonnes et bâtit des édifices. L'un cherche à enjoliver le langage, l'autre médite de lui donner une grande et majestueuse beauté. Si l'éloquence n'était point autre chose que la perfection de l'art d'écrire, Isocrate serait le premier des orateurs; mais malheureusement, pour animer ce monument incomparable de la parole humaine, il n'y a guère que des pensées communes et de froids sentiments.

Si nous analysons les premières phrases du discours à Démonique, où l'art d'Isocrate est surtout transparent, nous constatons que les procédés rythmiques des sophistes sont employés de nouveau, mais d'une tout autre manière et selon une méthode beaucoup plus féconde. L'orateur, ou plutôt l'écrivain, énonce une série d'oppositions entre les sentiments de l'homme de bien et les pensées du méchant. Pour établir ces oppositions, il cite les sentiments de l'un et les pensées de l'autre devant un double tribunal, celui de Démonique auquel il s'adresse et celui des hommes en général, parmi lesquels l'auteur lui-même prend son rang. Voyez comme les divers objets et personnages, dont il est question, sont disposés symétriquement dans la période :

1) Ἐν πολλεῖς μέν, ὦ Δημόνικε,
   πολὺ διεστώσας εὑρήσομεν

2) τάς τε τῶν σπουδαίων γνώμας
   καὶ τὰς τῶν φαύλων διανοίας.

— 11 —

Après cette première constatation de fait, Isocrate
établit que la grande différence entre les hommes
justes et les hommes injustes se manifeste dans leurs
relations d'amitié. Cette proposition se relie logi-
quement à la précédente, comme un cas particulier
à une thèse générale. Elle s'exprimera donc avec
les coupes grammaticales correspondant aux membres 1 et 2. Mais, pour la variété, ces coupes seront
réduites en nombre, et grandiront proportionnelle-
ment en étendue

> 1) πολὺ δὲ μεγίστην διαφορὰν εἰλήφασιν
> 2) ἐν ταῖς πρὸς ἀλλήλους συνηθείαις.

Il faut maintenant développer le principe établi, et
poursuivre l'antithèse des bons et des méchants
dans la manifestation plus ou moins courageuse et
persévérante de leurs amitiés. Ici l'ordre se ren-
verse, les méchants sont d'abord flétris, les bons sont
ensuite loués, et la période se clôt par un mot final,
plein de solennité

> 1) οἱ μὲν γὰρ τοὺς φίλους παρόντας μόνον τιμῶσιν,
>   οἱ δὲ καὶ μακρὰν ἀπόντας ἀγαπῶσι·
> 2) καὶ τὰς μὲν τῶν φαύλων συνηθείας
>   ὀλίγος χρόνος διέλυσε,
>   τὰς δὲ τῶν σπουδαίων φιλίας
>   οὐδ' ἂν ὁ πᾶς αἰὼν ἐξαλείψειεν.

On voit que dans cette première période, les désinences des incises sont quelquefois homophones,
mais qu'elles sont toujours homotoniques : Δημόνικε,
εἰλήφαμεν et εἰλήφασιν, γνώμας, διανοίας et συνηθείας, τιμῶσι et

ἀγαπῶσι, διέλυσε et ἐξελείψειεν. Il en est de même de certains éléments intérieurs des incises : σπουδαίων et φαύλων, παρόντας et ἀπόντας, συνηθείας et φιλίας.

En poursuivant l'examen de cette savante architecture de la parole, nous trouverions une suite de correspondances analogues :

> τοὺς δόξης ὀρεγομένους
> καὶ παιδείας ἀντιποιουμένους
> τῶν σπουδαίων
> ἀλλὰ μὴ τῶν φαύλων.....
> τεκμήριον μὲν τῆς πρὸς ὑμᾶς εὐνοίας,
> σημεῖον δὲ τῆς πρὸς Ἱππόνικον συνηθείας...
> ὥσπερ τῆς οὐσίας
> οὕτω καὶ τῆς φιλίας...

Ici c'est le trochée tonique qui domine dans la période, mais immédiatement après, dans la suite de l'exorde, le dactyle reprend le rôle principal : συλλαμβάνουσιν et συναγωνιζόμενον, συγγράφουσι et διατρίβουσιν. Remarquons aussi ces quatre péons toniques, qui se répondent deux à deux :

> σὺ μὲν γὰρ παιδείας ἐπιθυμεῖς,
> ἐγὼ δὲ παιδεύειν ἄλλους ἐπιχειρῶ,
> καὶ σοὶ μὲν ἀκμὴ φιλοσοφεῖν,
> ἐγὼ δὲ τοὺς φιλοσοφοῦντας ἐπανορθῶ.

Sans doute il y a un langage plus vigoureux, plus puissant, plus entraînant que celui d'Isocrate. C'est le style de Démosthène. Qu'importe la phrase à Démosthène, et qu'importe l'homotonie ? Son éloquence n'est pas faite pour la parade, mais pour le combat. Et cependant, même chez ce grand lutteur de la parole, l'équilibre normal des pensées suffit quelquefois à établir dans l'expression une symétrie toute spontanée. C'est ainsi que le dactyle tonique se rencontre souvent à la fin des incises et des phrases. Les trois premières chutes de périodes du plaidoyer *de la Couronne* sont marquées par les mots ἀκροάσασθαι, χρήσασθαι, ἄχθεσθαι.

II. — LA SYNTONIE PENDANT LA PÉRIODE GRÉCO-ROMAINE

Le genre *asiatique* n'était pas sans rapport avec l'école d'Isocrate. Mais il avait un grave défaut de plus, au jugement de Quintilien (1) : il avait horreur du mot propre. « Ces effets outrés, ces couleurs mal nuancées et fatigantes par leur éclat monotone, ces périphrases sonores et ces périodes chargées répugnaient à la délicatesse et à la vivacité de l'esprit attique (2). » Mais le genre asiatique trouva des compensations à cette disgrâce, non seulement en Orient, où il régnait sans rival, mais en Occident, dans la grande éloquence romaine. Hortensius était un asiatique reconnu, et Cicéron, qui s'en défendait dans ses livres de théorie, passait pour un asiatique modéré dans la pratique.

Cicéron avait raison : il n'était pas possible à un *Romain* d'être un *Attique*, et surtout d'être un *Démosthène*. La phrase de Démosthène est libre dans tous ses mouvements, flexible et docile à la

(1) *Instit. Orat.* XII, IX, 16.
(2) J. Girard. *Eloq. Att.* p. 52.

seule pensée ; la syntaxe ne lui pèse pas, elle est longue ou courte, mais toujours vive et alerte ; elle marche, mais elle peut courir et voler ; elle vole, mais elle peut ralentir son essor et fermer brusquement ses ailes. La période latine au contraire a pour condition essentielle l'ampleur et la majesté, son allure est toute patricienne, les mots sont composés entre eux comme les plis d'une toge sénatoriale, les incises préparent la cadence finale, comme les licteurs annoncent le consul ; tout le discours s'avance dans un ordre solennel, la gravité romaine mesure tous les pas, et l'on croirait voir un cortège de Pères Conscrits, qui monte au Capitole.

Personne n'a mieux parlé que Cicéron du *nombre oratoire* et personne n'en a mieux pratiqué les procédés légitimes. Il nous a dit souvent que les orateurs asiatiques affectaient à la fin des périodes le ditrochée ou l'un des péons. Lui-même adopte et multiplie dans ses discours ces cadences finales : *comprobaret, constituat, relinquere, videatur*. On voit que toutes ces formes verbales seraient, en grec, accentuées sur l'antépénultième.

Il résulte de tout cela que les orateurs des siècles chrétiens étaient conduits tout naturellement à ménager des dactyles toniques à la chute des périodes : l'exemple des anciens Grecs, sans être concluant, était déjà favorable ; l'analogie des formes oratoires latines avait aussi son influence, à une époque où les deux syntaxes et les deux littératures se pénétraient mutuellement ; enfin la tradition asiatique était constante et décisive.

Pour bien établir cette tradition, nous donnerons encore deux exemples remarquables. Le premier est tiré d'un des plus anciens monuments de la littérature chrétienne.

On a signalé (1) à la fin de l'épitre à Diognète, ou plutôt du fragment (2) qui en remplit les derniers chapitres, une péroraison de forme particulière. L'auteur inconnu parle de la *gnose* ou science surnaturelle (3).

Ἤτω σοι καρδία γνῶσις,
ζωὴ δε λόγος ἀληθής, χωρούμενος.
οὗ ξύλον φέρων καὶ καρπὸν [αἱ] ρῶν
τρυγήσεις ἀεὶ τὰ παρὰ Θεῷ ποθούμενα.

On a mis quelque bonne volonté à faire de la première ligne un trochaïque dimètre tonique, des deux lignes suivantes une succession régulière d'iambes, de la dernière une sorte de vers logaédique, où alternent l'iambe et l'anapeste. Pour nous, il nous est difficile de voir dans ces quatre lignes des choses si extraordinaires. Nous y remarquons seulement les deux mots proparoxytons χωρούμενος et ποθούμενα, qui terminent les membres de la phrase. Dans ce qui suit, les gens clairvoyants reconnaissent encore beaucoup d'iambes et d'anapestes, tandis

(1) Funk : *Zeitschrift für Kirch-Gesch.* 1882, p. 198, et Jacobi, cité par le card. Pitra, *Anal. Sacra*, T. II. p. 10.

(2) Ce caractère fragmentaire des deux derniers chapitres a été reconnu par le premier éditeur, H. Etienne, 1592.

(3) Nous citons : *Patr. Apost.* édition *minor* de Gebhardt et Harnack, p. 86.

que nous ne sommes frappé que du seul dactyle tonique qui termine toutes les incises.

> ὧν ὄψις οὐκ ἅπτεται
> οὐδὲ πλάνη συγχρωτίζεται·
> οὐδὲ Εὖα φθείρεται,
> ἀλλὰ παρθένος πιστεύεται·
> καὶ σωτήριον δείκνυται,
> καὶ ἀπόστολοι συνετίζονται,
> καὶ τὸ Κυρίου πάσχα προέρχεται,
> καὶ καιροὶ συνάγονται,
> καὶ μετακόσμια ἁρμόζεται,
> καὶ διδάσκων ἁγίους ὁ Λόγος εὐφραίνεται,
> δι' οὗ Πατὴρ δοξάζεται·
> ᾧ ἡ δόξα εἰς τοὺς αἰῶνας. Ἀμήν.

Cette remarque vient à l'appui de l'opinion qui fait de ces deux chapitres un fragment d'homélie. Ce sont les orateurs seuls qui ont affecté dans le discours et surtout dans la péroraison le proparoxytonisme. Du reste, nous croyons que la succession des dactyles toniques n'est ici qu'un effet du hasard, ou une conséquence logique du mouvement de la pensée, et que l'on trouverait des coïncidences de ce genre dans presque tous les auteurs de l'époque.

On pourrait accuser les orateurs chrétiens d'avoir dénaturé la langue et profané l'éloquence par l'emploi de ces désinences monotones ; mais un sophiste païen, un des coryphées de l'école d'Athènes au IVᵉ siècle, le fameux Himérios est allé plus loin encore dans la recherche de l'homotonie. Photius, en caractérisant son style, emploie ces expressions : καὶ σύντονος ἐν τούτοις καὶ γοργὸς ὅπου δεήσει, ce qu'André Scott interprète ainsi : *non sine contentione atque velocitate, cum quidem ita opus est* (1). Cette traduction est inexacte en ce qui concerne le mot σύντονος. Le style d'Himérios est bien réellement *syntonique*, selon l'étymologie du mot. Il affecte les correspondances de l'accent, et lui-même l'avoue, précisément dans les termes employés par Photius. Au début de son *Epithalame à Sévère* (2), immédiatement après le prologue ou *prothéorie*, il annonce l'objet de son discours, ou plutôt de son poème : s'autorisant de l'exemple d'Apollon pour conduire les Muses aux fêtes nuptiales, il se propose de faire entendre *l'harmonie syntonique*, et de prendre part aux chœurs des vierges en l'honneur de Vénus. Les mots ἀνεῖναι τὴν ἁρμονίαν τὴν σύντονον ont été traduits par Wernsdorf : *severiorem dictionem remittamus*. Mais en étudiant la phrase du sophiste, et en la rapprochant de celle de Photius, on voit bien que le mot ἀνεῖναι doit être pris dans le sens de *producere, instigare,* et que *l'harmonie* dont parle l'auteur ne peut être confondue avec la simple et vulgaire *diction*. S'il restait un doute dans notre esprit, l'examen rapide du style d'Himérios suffirait à le dissiper. Après avoir promis de conformer son style à *l'harmonie syntonique,* Himérios poursuit la phrase commencée et la termine par les mots : ἐπ' Ἀφροδίτῃ χορεύσωμεν. Dans la

---

(1) *Biblioth.* Cod. CLXV ; *Patr. Gr.* T. CIII, p. 461. — Les expressions d'Eunape (éd. Boissonade, coll. Didot, p. 494) : πρότον δὲ ἔχει καὶ ἦχον ἡ συνθήκη πολιτικόν, nous semblent avoir le même sens que le σύντονος de Photius.

(2) Himerii *Declamat.* éd. Dübner, dans la coll. Didot, p. 38.

demi-page suivante, car nous ne pouvons citer textuellement un auteur si licencieux, nous trouvons, en 25 lignes, à la fin des incises ou des phrases, 26 dactyles toniques, et 18 dipodies dactyliques de cette forme : ἄντροις ἐνύμφευεν.

Tous les discours d'Himérios présentent les mêmes correspondances toniques : le dactyle est le pied dominant, le trochée est beaucoup plus rare et se présente de loin en loin. Prenons au hasard cette invocation aux Muses qui termine le discours au proconsul de Grèce, Hermogène (1) : « Venez, filles de Jupiter, Muses aux ailes d'or !... » Cette période, d'une forme toute poétique, se compose de onze lignes de texte et peut se diviser en autant d'incises ; la 9ᵉ et la 10ᵉ seulement sont trochaïques et se correspondent entre elles, les huit premières et la 11ᵉ sont dactyliques, et cinq fois nous retrouvons la dipodie déjà signalée :

ὑμᾶς ἀναφθέγξασθαι,
χορὸν ἐξελίττετε,
ἐπηχοῦσαι τῇ φόρμιγγι,
Κασταλίαν ἀθύρετε,
Μουσηγέτῃ συμπλέκετε.....

Himérios n'est pas un novateur, il se conforme au contraire au goût de ses contemporains : c'est pour plaire à ses jeunes élèves qu'il *pindarise* en prose sur les mythes du paganisme, qu'il donne à ses discours l'apparence d'un feu d'artifice, qu'il lance

(1) *Orat.* XII, p. 70.

ses phrases comme de longues fusées pour les faire retomber en étincelles. Tout cela donnait beaucoup d'éclat et peu de lumière. L'auditoire d'Himérios reniait l'esprit attique dans Athènes même ; le genre asiatique, autrefois dédaigné, était désormais victorieux, et c'était l'accent, la *syntonie*, qui menait le triomphe.

III. — LA SYNTONIE A LA FIN DU SIXIÈME SIÈCLE

Le style oratoire de S. Basile, de S. Grégoire, de S. Jean Chrysostome, est une merveille de bon goût au siècle d'Himérios. Les Pères de l'Église ne parlent pas, comme les sophistes, pour charmer l'oreille et se faire applaudir ; ils ont d'autres vues plus désintéressées et plus austères, et leur style se ressent de leurs intentions, comme il arrive toujours. Ils ont sans doute leurs défauts : le genre asiatique a gardé chez eux son ampleur exagérée, sa richesse exubérante, mais au milieu de ces excès, il n'y a point de faux ornements, rien pour la montre et l'étalage. La structure même des phrases se rapproche plutôt de la méthode de Démosthène que de celle d'Isocrate. Du reste ces orateurs chrétiens du IVe siècle étaient des improvisateurs : ils prêchaient souvent, et même tous les jours, à certaines époques de l'année ; ils n'avaient donc pas le temps de ménager la syntonie et de rythmer leurs phrases à la manière des poètes.

Au sixième siècle, l'éloquence chrétienne n'a plus tout-à-fait le même caractère. Il se forme, pour ainsi dire, deux sortes de prédications homilétiques.

L'une reste à peu près conforme aux traditions de l'âge précédent ; elle expose et défend la doctrine, commente l'Écriture, exhorte à la vertu, sur le ton grave et tranquille qui convient aux pasteurs. C'est la prédication de tous les jours ou de tous les dimanches, plus solide que brillante, généralement improvisée, et dont les âmes ont recueilli les fruits, à l'insu de l'histoire littéraire.

Un autre genre de prédication est réservé aux grandes fêtes, soit de l'Église universelle, soit des églises particulières. Les orateurs en renom, les maîtres de la parole, sont alors invités ; ils préparent leurs discours, phrase par phrase, et mot par mot, sans ostentation, nous voulons le croire, mais avec un grand souci de l'attente générale qu'il leur faut satisfaire. Le jour venu, la foule se presse dans la basilique, et au milieu des solennités du culte, à un moment donné de l'office de Laudes, l'orateur monte à l'ambon et prononce l'homélie festivale. A juger ces homélies d'après les rhétoriques d'Aristote ou de Quintilien, ce ne sont plus en réalité des œuvres oratoires, mais de véritables poèmes. L'exclamation, le dialogue, la prosopopée, les figures les plus hardies de l'ancien lyrisme se succèdent sans transition, s'accumulent sans mesure, et l'orateur lui-même déclare souvent qu'il prononce, non un discours, mais un cantique.

Cette forme nouvelle et dramatique de l'homélie semble avoir pris naissance en Égypte, dans la grande église d'Alexandrie (1). Le patriarche Euloge

(1) Card. Pitra, *Hymnographie de l'Église Grecque*, Rome, 18[...], page 45.

commence ainsi son sermon pour le dimanche des
Rameaux (1) :

Βασιλικὴν οἱ πιστοὶ σήμερον ἐπιδημίαν ἑορτάζοντες,
    θεοπρεπῶς τῷ βασιλεῖ ὑπαντήσωμεν.
    Ὥρα λοιπόν · μὴ καθεύδωμεν ·
    τὸν νοῦν πρὸς τὸν Θεὸν ἀνυψώσωμεν ·
    τὸ πνεῦμα μὴ σβέσωμεν ·   5
    τὰς λαμπάδας ἡμῶν φαιδρῶς ἐξανάψωμεν ·
    τὸν χιτῶνα τῆς ψυχῆς ἐξαλλάξωμεν ·
    τὰ βαΐα ὡς νικηφόροι βαστάξωμεν ·
    μετὰ τοῦ ὄχλου τὰ τοῦ ὄχλου βοήσωμεν ·
    μετὰ τῶν παίδων, ὡς οἱ παῖδες ὑμνήσωμεν ·   10
Ὡσαννά · εὐλογημένος ὁ ἐρχόμενος ἐν ὀνόματι Κυρίου.

Après ce début lyrique, l'orateur fait parler successivement les prophètes, les enfants qui prennent
part au triomphe du Christ, l'hérétique Paul de
Samosate, l'hérétique manichéen, enfin la Vierge
Marie ; c'est un véritable dialogue, un drame théologique. La *syntonie* règne d'un bout à l'autre du
discours, interrompue seulement par les citations
scripturaires (2).

La plupart des homélies d'Anastase le Sinaïte et
de S. Sophrone présentent les mêmes caractères pour
le style et pour le rythme. Tous deux se formèrent

(1) *Patr. Gr.* T. LXXXVI, p. 2913.

(2) Signalons les incises qui commencent par le mot πάλιν,
p. 2913 ; la série d'invitations : οἱ βουνοί, σκιρτήσατε, p. 2916 ; la
suite d'antithèses : ἡ νέα καὶ ἀδκής, p. 2921 ; et surtout, vers la
péroraison, l'alinéa XI, p. 2933, où la syntonie est en partie double :

Ἔχεις ὦ πιστότατον...... τὰ τῆς ἑορτῆς ἐγκώμια · | σκίρτησον.
Ἔχεις τὰ θεῖα καὶ ἄμωμα τῆς Ἐκκλησίας διδάγματα · | τρύφησον.

surtout à Alexandrie, et tous deux joignirent à la réputation d'orateurs le renom plus glorieux encore de mélodes. A ce double titre, ils devaient être experts en *syntonie*.

L'homélie de S. Sophrone *sur l'Annonciation de la Mère de Dieu* a été publiée par Ant. Ballerini, avec de savantes notes. Le texte grec seul remplit trente-six colonnes d'un volume de la patrologie de Migne (1). Or les deux tiers de cette homélie sont en prosopopées. Après l'enseignement théologique sur le mystère du jour, plusieurs manuscrits portent la scolie : τέλος τῆς θεολογίας. C'est alors seulement que l'orateur semble entrer en matière, il raconte le message de l'Ange, il explique la salutation joyeuse : χαῖρε κεχαριτωμένη, car c'est bien la joie qu'apporte Gabriel :

> Ἤδει γὰρ, ἐκ τούτου θεογνωσίᾳ τὸν κόσμον αὐγάζεσθαι ·
> ἤδει, τῆς πλάνης τὴν ἀχλὺν ἀφανίζεσθαι ·
> ἤδει, τοῦ θανάτου τὸ κέντρον ἀμβλύνεσθαι ·
> ἤδει, τῆς φθορᾶς τὴν δύναμιν φθείρεσθαι ·   15
> ἤδει, τοῦ ᾅδου τὴν νίκην καθέλκεσθαι ·
> ἤδει, τὸν ἀπολλύμενον ἄνθρωπον σώζεσθαι,
>   τὸν τούτοις πάλαι δουλεύοντα,
>   ἀφ᾽ οὗ τοῦ παραδείσου τῆς τρυφῆς ἀπελήλαται,
>   καὶ τῆς ἐκεῖσε μακαρίας διατριβῆς ἐξελήλαται (2).   20

Puis emporté par son propre élan, S. Sophrone chante lui-même le cantique de l'allégresse, ou l'hymne ἀκάθιστος de Sergius, dont nous parlerons

(1) *Patr. Gr.*, T. LXXXVII, 3217-3288.
(2) P. 3226.

bientôt, n'a pas de tropaire plus lyrique, plus har-
monieux, plus entrainant que cette période oratoire.

Χαίροις, ὦ χαρᾶς τῆς ἐπουρανίου γεννήτρια·
χαίροις, ὦ χαρᾶς τῆς ὑπερτάτης μαιεύτρια·
χαίροις, ὦ χαρᾶς τῆς σωτηρίου μητρόπολις·
χαίροις, ὦ χαρᾶς τῆς ἀθανάτου παραίτιε·
χαίροις, ὦ χαρᾶς τῆς ἀλέκτου μυστικὸν καταγώγιον·   25
χαίροις, ὦ χαρᾶς τῆς ἀρρήτου ἀξιάγαστος ἄρουρα·
χαίροις, ὦ χαρᾶς τῆς ἀρεύστου πηγὴ παμμακάριστος·
χαίροις, ὦ χαρᾶς τῆς ἀϊδίου θεοφόρον κειμήλιον·
χαίροις, ὦ χαρᾶς τῆς ζωοπαρόχου φυτὸν εὐθαλέστατον·
    χαίροις, ὦ Θεοῦ Μήτερ ἀνύμφευτε·   30
    χαίροις, ὦ Παρθένε μετὰ τόκον ἀσύλητε·
χαίροις, ὦ πάντων παραδόξων παραδοξότατον θέαμα.
    Τίς σου φράσαι τὴν ἀγλαΐαν δυνήσεται;
    τίς σου φᾶναι τὸ θαῦμα τολμήσειε;
    τίς σου κηρύξαι θαρρήσει τὸ μέγεθος;   35

Puis la pensée et le rythme, d'un même essor, se
relèvent par une série d'anacruses :

    Ἀνθρώπων τὴν φύσιν ἐκόσμησας·
    Ἀγγέλων τὰς τάξεις νενίκηκας·
τῶν Ἀρχαγγέλων τὰς φωταυγείας ἀπέκρυψας·
τῶν Θρόνων τὰς προεδρίας, δευτέρας σου ἀπέδειξας·
    τῶν Κυριοτήτων τὸ ὕψος ἐσμίκρυνας·   40
    τῶν Ἀρχῶν τὰς καθηγήσεις προέδραμες·
    τῶν Ἐξουσιῶν τὸ σθένος ἐνεύρωσας·
τῶν Δυνάμεων δυναμωτέρα προσελήλυθας δύναμις·
τὸ τῶν Χερουβὶμ πολυόμματον γηΐνοις ὀφθαλμοῖς ὑπερέβαλες· 44
τὸ τῶν Σεραφὶμ ἑξαπτέρυγον ψυχῆς θεοκινήτοις πτεροῖς ὑπερβέβηκας.

Cette explosion d'enthousiasme n'est que le début d'un long panégyrique de la Vierge, que l'orateur, transformé en poète, met dans la bouche de l'archange Gabriel (cap. XVIII-XXIII). Cette prosopopée, interrompue un instant par la description du trouble intérieur de la Vierge à la parole de l'ange, reprend au chapitre XXIVᵉ et se poursuit jusqu'au XXXIIᵉ. C'est au tour de Marie de parler et de commenter le mot de l'Évangile : Πῶς ἔσται μοι τοῦτο (cap. XXXII-XXXIII). L'archange reprend son panégyrique, et continue d'expliquer à Marie les privilèges de sa Maternité virginale. Marie ne se refuse pas aux promesses divines, mais elle demande des explications plus précises. L'archange admire la sagesse de la Vierge et lui révèle enfin les derniers secrets du mystère. Marie donne son consentement, *voici la servante du Seigneur* ; l'archange remonte aux cieux, Sophrone reprend l'explication dogmatique de l'Incarnation du Verbe, et l'homélie se termine par le commentaire lyrique de l'exclamation trois fois répétée : εὐαγγέλια, εὐαγγέλια, εὐαγγέλια ! Par l'Incarnation, tout est changé dans le monde :

Οὐκέτι φθορὰν δεδιττόμενοι ·
οὐκέτι πάθη φοβούμενοι ·
οὐκέτι θάνατον τρέμοντες ·
οὐκέτι τὸν μικρὸν ἐρρωδοῦντες διάβολον ·
οὐκέτι τὰς ἀφανεῖς αὐτοῦ προσβολὰς εὐλαβούμενοι ·
οὐκέτι τὰς φανερὰς αὐτοῦ τυραννίδας δειμαίνοντες ·
ἀλλ᾽ ὅλοι θεοὶ φαινόμενοι ·
ὅλοι θεοειδεῖς εὑρισκόμενοι ·
ὅλοι τῆς ἄνω χορείας γραφόμενοι ·
ὅλοι πολῖται τῆς ἄνω πόλεως Ἱερουσαλὴμ θεωρούμενοι ·

ἔνθα γὰρ ἂν σχῶμεν ἡμῶν τὸ πολίτευμα,
ἐκεῖ καὶ τοὺς κλήρους δεξόμεθα,
καὶ τὰς ἀρρήτους μονὰς κατοικήσομεν.   58

Si le lecteur consent à relire les fragments que nous venons de citer, il observera que chacune de ces lignes, que nous avons séparées à dessein, se termine par deux dactyles toniques (1). Non seulement le dernier mot de chaque membre de phrase est proparoxyton, mais encore le mot pénultième lui fournit précisément les syllabes nécessaires pour constituer une dipodie. Si le dernier mot n'a que trois syllabes, l'avant-dernier est proparoxyton : θάνατον τρέμοντες, ἄνθρωπον σώζεσθαι. Si la proposition se termine par un mot de quatre syllabes, il est précédé d'un trochée tonique : κόσμον ἀλγίζεσθαι, σωτηρίου μητρόπολις. Enfin si le mot final est pentasyllabe, le mot qui précède est baryton : ἀχλὺν ἀρκνίζεσθαι, μονὰς κατοικήσομεν. Cette règle n'est pas observée, avec la même exactitude, dans les parties didactiques de l'homélie, elle ne s'applique pas non plus aux textes de l'Écriture cités par l'orateur, ni à la doxologie qui termine le discours et dont la formule avait été fixée par la tradition. Sauf cès exceptions qui s'imposaient d'elles-mêmes, la loi que nous venons de signaler est absolument générale. D'ail-

---

(1) Les lignes 1, 39 et 52 se terminent par un seul dactyle tonique, mais la ligne 1 contient les premiers mots de l'orateur et devance, pour ainsi dire, le rythme lui-même: la ligne 39 serait rétablie facilement, en écrivant σοῦ δευτέρας, au lieu de δευτέρας σου, et la ligne 52 pourrait être réunie à la suivante. Quant à l'incise 11 qui se termine par un trochée tonique, elle n'est qu'une citation de l'Écriture, dont le texte ne pouvait être altéré.

— 26 —

leurs Sophrone, comme autrefois Himérios, a lui-
même indiqué le nom de ce rythme oratoire.

Pendant son séjour en Égypte, il fut atteint d'une
affection des yeux fort dangereuse. C'était, ou un
épanchement des humeurs dans l'organe, ou une
dilatation exagérée des paupières. Les médecins,
partagés sur la nature du mal, s'accordaient seulement pour annoncer à Sophrone qu'il serait
bientôt aveugle. Le malade eut alors recours aux
remèdes surnaturels, et fut guéri, comme il l'af-
firme lui-même plusieurs fois, au tombeau des
SS. martyrs Cyrus et Jean. Il témoigna sa reconnaissance à ses médecins célestes par le récit
détaillé de leurs miracles. Cet ouvrage ressemble
plutôt à un poème narratif qu'à une composition
historique. L'auteur le fait précéder d'une sorte
d'introduction ou *prothéorie*, et d'un panégyrique,
ἐγκώμιον. L'introduction se termine par ces mots énig-
matiques (1) :

οὐκ ἀγνοοῦμεν δὲ ὡς ταῖς τῶν θαυμάτων ἱεραῖς διηγήσεσιν
ὅτι ὁ ἀνειμένος μᾶλλον χαρακτὴρ καὶ ἔκλυτος ἔπρεπεν ·   60
ἀλλ' ἡμεῖς τοῦτον ἐάσαντες, τὸν σύντονον παρελάβομεν.

Ces expressions ont étonné le traducteur latin
Boniface : quel était ce *caractère* σύντονος, préféré au
caractère ἀνειμένος καὶ ἔκλυτος ? Réflexion faite, ou non
faite, l'interprète Boniface déclare au lecteur intel-
ligent, que Sophrone laissera de côté le style *mollis
et solutus* pour adopter le style *extensus*. Voilà qui

(1) *Patr. Gr.*, ibid., p. 3568.

est clair, et jamais traducteur latin n'a trahi l'intention d'un auteur grec avec plus de bonne foi. Cependant Sophrone s'est mis à l'œuvre dans le style *syntonique*, et déjà toute sa *prothéorie* a commencé de justifier sa promesse : divisée en six chapitres, elle contient environ 240 lignes rythmiques de cette forme :

Ὅθεν ἀναστάντες καὶ καθ᾽ ἑαυτοὺς μετὰ ταῦτα γενόμενοι,
τὸ τῶν μαρτύρων ὕψος σκοπήσαντες,
καὶ τῶν ὁρωμένων θαυμάτων τὸ πλῆθος θεώμενοι, κ. τ. λ.

Les interruptions du rythme syntonique sont causées par des citations de l'Écriture, et il faut voir avec quel soin l'orateur amène ces passages du texte sacré, rebelles à la *syntonie* :

ἀλλὰ τοῦτο ὁρᾶν ἡμᾶς ἕτερον ἀνέκοπτε λόγον,   65
ὅπερ ἐκκλησιάζων ὁ Σαλομῶν ἀπεγράψατο ·

Suit une citation de l'*Ecclésiaste*, et S. Sophrone reprend :

καὶ Δαβὶδ ὁ τοῦτον γεννησάμενος λέγων ἐν Ἄσμασιν ·

et, après quelques mots du Psaume XXI, la phrase interrompue se poursuit :

καὶ πάντας ἐπὶ τὴν οἰκείαν ἀναγόμενος μίμησιν ·   68

nouvelle citation du Psaume LXXV, nouvelle reprise du rythme; et ces alternatives se continuent pour le texte de Jonas et du *Deutéronome,* que l'orateur veut produire encore.

Le panégyrique commence avec la même régularité, et ses trente-trois chapitres doivent contenir environ 1200 incises syntoniques.

Bien plus, les LXX miracles des Martyrs sont racontés suivant le même rythme, ce qui suppose au moins 7,000 lignes, terminées par deux dactyles toniques. Il y a peu de mètres prosodiques dans l'antiquité, dont on puisse constater les lois sur un si grand nombre d'exemples.

Nous avons employé jusqu'à présent les noms de *dactyles* et de *dipodies dactyliques,* pour caractériser les finales proparoxytoniques des incises. Ces expressions ne sont rigoureusement exactes qu'au point de vue de l'orthographe. Dans la prononciation, *il se produisait, sur la dernière syllabe des mots proparoxytons, un accent secondaire,* qui relevait la voix et transformait le dactyle final en *crétique.* Voici les preuves de ce que nous venons d'avancer.

1° *A priori,* il est difficile d'admettre comme intentionnel le retour régulier et monotone de deux syllabes sourdes à la fin de toutes les incises. Cette désinence était par elle-même tellement molle et énervante qu'on devait plutôt la fuir que la rechercher.

2° C'était une règle déjà ancienne que l'accent grave, devant une ponctuation quelconque, et par conséquent à la fin des membres de phrase, se changeât en accent aigu. Cette règle, fondée sur les nécessités de la prononciation, était plus générale qu'il ne semble d'abord : avant la pause et pour l'annoncer, la voix s'élevait naturellement par un dernier effort. Dans les oxytons, cette élévation de la voix était marquée par le changement orthographique du grave en aigu ; dans les paroxytons et les périspomènes, la pénultième tonique se trouvait assez rapprochée pour profiter elle-même de ce surcroît de hauteur ; mais dans les proparoxytons, où la syllabe accentuée était à bonne distance de la pause, il se développait sur la finale un accent moins aigu que l'accent premier, mais encore très-sensible à l'oreille.

3° Les analogies de l'accent latin nous conduisent à la même conclusion. Dans la poésie rythmique du moyen-âge, les proparoxytons peuvent être regardés comme doublement accentués sur l'antépénultième et sur la dernière (1).

4° Les cantiques des mélodes byzantins, dont l'homotonie était la préoccupation principale, présentent souvent des correspondances comme celles-ci : ἄνθρωπος et πέτρας, πόλεων et ἐρευνῶν, correspondances où les mots ἀνθρωπός, πόλεών doivent être regardés toniquement comme des *crétiques*.

Il résulte de cette observation que les désinences proparoxytoniques affectées par les orateurs sont des désinences *masculines* et répondent aux finales iambiques de l'ancienne prosodie, où le vers se terminait par un temps fort ; au contraire, les désinences paroxytoniques, beaucoup plus rares, sont *féminines* et correspondent aux finales trochaïques, où

(1) C'est ce que M. Gaston Paris a démontré d'une manière péremptoire dans sa *Lettre à M. Léon Gautier* : Biblioth. de l'École des Chartes, T. XXVII, p. 584.

le vers sé terminait par le temps faible. Mais nous ne croyons pas que l'on puisse exclure absolument. le dactyle de la syntonie grecque, comme on l'a exclu des rythmes toniques latins. Le dactyle se trcuve souvent au commencement et au milieu des incises , particulièrement à l'avant-dernier pied tonique ; et c'est seulement à la dernière place qu'il change de valeur sous l'influenco de la pause.

IV. — RENOUVELLEMENT DE LA STROPHE LYRIQUE PAR LA SYNTONIE

Tandis que Héraclius luttait contre les Perses en Orient. les Avares vinrent assiéger Constantinople. La ville fut défendue par le patrice Bonus ou Bonose (1), par le patriarche Sergius, et surtout par sa confiance en la Mère de Dieu. Quand les ennemis levèrent le siège, on fit à la Vierge victorieuse des actions de grâces solennelles, dont l'anniversaire se célèbre encore de nos jours, le samedi de la cinquième semaine de carême. Le Patriarche avait voulu lui-même (2) exprimer la reconnaissance de la cité et de l'empire à la *Guerrière céleste*, qui avait combattu pour les siens.

L'œuvre de Sergius débute par deux lignes syntoniques de quatorze syllabes :

(1) Nicéphore l'appelle Βῶνος, la *Chronique d'Alexandrie* Βῶνος et Théophane Βόνοσος.

(2) Les droits de propriété de Sergius sur l'hymne *Acathiste* se fondent sur le témoignage de deux manuscrits : le cod. 212 du supplément grec de Paris, et le cod. 14 de la bibliothèque S. Marc de Venise.

Τῇ ὑπερμάχῳ Στρατηγῷ | τὰ νικητήρια,
ὡς λυτρωθεῖσα τῶν δεινῶν, | εὐχαριστήρια
ἀναγράφω σοι ἡ Πόλις σου, Θεοτόκε.

La correspondance tonique se continue dans les membres suivants, qui préparent l'exclamation finale :

ἀλλ᾽ ὡς ἔχουσα τὸ κράτος | ἀπροσμάχητον,
ἐκ παντοίων με κινδύνων | ἐλευθέρωσον,
ἵνα κράζω σοι ·
χαῖρε, νύμφη ἀνύμφευτε.

Ce n'est là évidemment qu'une entrée en matière, une sorte de dédicace. Le rythme change immédiatement et prend son allure définitive. L'auteur raconte, sous la forme dramatique que nous connaissons déjà, le message de l'Ange à la Vierge et les principaux évènements de l'enfance du Sauveur ; mais ici la division strophique est rendue évidente par deux signes matériels et irrécusables, par l'acrostiche alphabétique, et par le retour de l'exclamation χαῖρε νύμφη ἀνύμφευτε.

Nous n'avons pas seulement pour établir ce rythme les vingt-cinq strophes du cantique de Sergius, mais plus de cent tropaires, que l'on trouve dans des cantiques imitatifs.

Nous mettons en présence, dans les deux pages qui vont suivre, quatre strophes syntoniques. La 1ʳᵉ et la 3ᵉ appartiennent à Sergius ; la seconde est le début d'un cantique anonyme sur *la Dormition de la Vierge* : la quatrième. de l'hymnographe Orestes, est consacrée à l'éloge de S. Sabas le Jeune.

ACATHISTOS DE SERGIUS (Str. A.)	LE TRÉPAS DE LA VIERGE (Str. A.)

Ἄγγελος πρωτοστάτης
οὐρανόθεν ἐπέμφθη,
εἰπεῖν τῇ Θεοτόκῳ τό · χαῖρε !
καὶ σὺν τῇ ἀσωμάτῳ φωνῇ,
σωματούμενόν σε θεωρῶν,
Κύριε, ἐξίστατο καὶ ἵστατο,
κραυγάζων πρὸς αὐτὴν τοιαῦτα·
  χαῖρε, δι' ἧς
ἡ χαρὰ ἐκλάμψει·
  χαῖρε, δι' ἧς
ἡ ἀρὰ ἐκλείψει·
  χαῖρε, τοῦ πεσόντος
Ἀδὰμ ἡ ἀνάκλησις·
  χαῖρε, τῶν δακρύων
τῆς Εὔας ἡ λύτρωσις·
χαῖρε, ὕψος δυσανάβατον
ἀνθρωπίνοις λογισμοῖς·
χαῖρε, βάθος δυσθεώρητον
καὶ ἀγγέλων ὀφθαλμοῖς·
  χαῖρε, ὅτι ὑπάρχεις
βασιλέως καθέδρα·
  χαῖρε, ὅτι βαστάζεις
τὸν βαστάζοντα πάντα·
  χαῖρε, ἀστὴρ
ἐμφαίνων τὸν ἥλιον·
  χαῖρε, γαστὴρ
ἐνθέου σαρκώσεως·
  χαῖρε, δι' ἧς·
νεουργεῖται ἡ κτίσις·
  χαῖρε, δι' ἧς
βρεφουργεῖται ὁ κτίστης·
χαῖρε, νύμφη ἀνύμφευτε.

Ἄγγελοι οὐρανόθεν
τὴν σὴν κοίμησιν πάλαι
ἀνύμνησαν, Παρθένε, ἀξίως·
καὶ νῦν τὴν ἱερὰν καὶ σεπτὴν
μεθ' ἡμῶν τῶν κάτω εὐσεβῶς
κοίμησιν δοξάζουσιν ἐν ᾄσμασιν,
κραυγάζοντες πρὸς σὲ τοιαῦτα·
  χαῖρε, χαρᾶς
τῶν ἀνθρώπων βρῶσις·
  χαῖρε, ἀρᾶς
τῶν προγόνων λύσις·
  χαῖρε, ἀοράτου
Πατρὸς νύμφη, ἄφθορε·
  χαῖρε, συνανάρχου
Υἱοῦ μῆτερ ἄνανδρε·
χαῖρε, κλῖμαξ ἀναφέρουσα
ἀπὸ γῆς εἰς οὐρανόν·
χαῖρε, γέφυρα εἰσάγουσα
εἰς παράδεισον τερπνόν·
  χαῖρε, ὅτι χοροί σε
ἀνυμνοῦσιν οἱ ἄνω·
  χαῖρε, ὅτι βροτοί σε
προσκυνοῦσιν οἱ κάτω·
  χαῖρε, ἀγνὴ
παρθένων τὸ καύχημα·
  χαῖρε, σεμνή
σεμνῶν ἀγαλλίαμα·
  χαῖρε, δι' ἧς
φάλαγξ φεύγει δαιμόνων·
  χαῖρε, δι' ἧς
φύσις χαίρει ἀνθρώπων
χαῖρε, νύμφη ἀνύμφευτε.

ACATHISTOS DE SERGIUS (Str. Γ.)

Γνῶσιν ἄγνωστον γνῶναι
ἡ Παρθένος ζητοῦσα,
ἐβόησε πρὸς τὸν λειτουργοῦντα·
ἐκ λαγόνων ἀγνῶν μου υἱὸν
πῶς ἐστι τεχθῆναι δυνατόν,
λέξον μοι· πρὸς ἣν ἐκεῖνος ἔφησεν,
ὡς ἔφθασε, κραυγάζων οὕτως·
  χαῖρε, βουλῆς
ἀπορρήτου μύστις·
  χαῖρε, σιγῇ
δεομένων πίστις·
  χαῖρε, τῶν θαυμάτων
Χριστοῦ τὸ προοίμιον·
  χαῖρε, τῶν δογμάτων
αὐτοῦ τὸ κεφάλαιον·
χαῖρε, κλῖμαξ ἐπουράνιε,
δι' ἧς κατέβη Θεός·
χαῖρε, γέφυρα μετάγουσα
τοὺς ἐκ γῆς πρὸς οὐρανόν·
χαῖρε, τὸ τῶν ἀγγέλων
πολυθρύλλητον θαῦμα·
χαῖρε, τὸ τῶν δαιμόνων
πολυθρήνητον τραῦμα·
  χαῖρε, τὸ φῶς
ἀρρήτως γεννήσασα·
  χαῖρε, τὸ πῶς
μηδένα διδάξασα·
  χαῖρε, σοφῶν
ὑπερβαίνουσα γνῶσιν·
  χαῖρε, πιστῶν
καταυγάζουσα φρένας·
χαῖρε, νύμφη ἀνύμφευτε.

CANTIQUE D'ORESTES (Str. Γ.)

Γένος, τρυφήν καὶ πλοῦτον
νουνεχῶς ἀπεσείσω,
καὶ μόνον τὸ ἐράσμιον κάλλος
ἐκ καρδίας ποθῶν τοῦ Χριστοῦ,
ἐν συντόμῳ δρόμῳ πρὸς αὐτὸν   5
ἔφθασας· διόπερ, πανσεβάσμιε,
κραυγάζομεν πρὸς σὲ τοιαῦτα·
  χαῖρε, ζωῆς
ὁ πηγάζων λόγους·   8
  χαῖρε, ψυχὰς
ὁ φωτίζων, πάτερ·   9
  χαῖρε, τῶν δακρύων
πηγὴ ἡ ἀέννος·   10
  χαῖρε, χαρισμάτων
τερπνὸν καταγώγιον·   11
χαῖρε, θαυμάτων παράδοξα
ἐνεργῶν καινοπρεπῶς·   12
χαῖρε, πάντων ἐκλυτρούμενος
παθημάτων τοὺς βροτούς·   13
  χαῖρε, ὅτι ἐρήμων
οἰκιστὴς ἀνεδείχθης·   14
  χαῖρε, ὅτι ὡράτης
ἀρετῶν στήλη ἔμπνους·   15
  χαῖρε, καρποὺς
τῶν πόνων δρεπόμενος·   16
  χαῖρε, Θεοῦ
τὸ κάλλος θεώμενος·   17
  χαῖρε, σκηναῖς
κατοικῶν ἐν ἄλλαις·   18
  χαῖρε, λαμπρᾶς
ἀξιούμενος δόξης·   19
χαῖρε, Σάβα μακάριε.

Si nous comparons le cantique de Sergius (1) aux œuvres oratoires de S. Euloge ou de S. Sophrone, cette comparaison donne lieu aux remarques suivantes :

1º On peut constater de part et d'autre les mêmes formes littéraires, la même profusion de prosopopées et d'images dramatiques. Mais d'un côté, l'imagination orientale et l'enthousiasme personnel de l'orateur se déploient librement, sans autre règle que celle qu'il s'impose à lui-même, à mesure qu'il parle ou qu'il écrit. De l'autre, la division strophique sert de digue aux flots de la pensée et de la parole ; l'auteur, dès le début, circonscrit l'étendue de ses périodes, et les limites de la première seront exactement, et à une syllabe près, les limites de toutes les autres.

2º La période oratoire de S. Sophrone et la strophe isolée de Sergius, indépendantes de l'ancienne prosodie, obéissent cependant à un principe rythmique commun, qui est l'accent. L'orateur affecte de terminer uniformément toutes ses incises par deux dactyles toniques (2) ; l'hymnographe présente aussi de temps en temps ce rythme particulier (par exemple dans les membres lyriques ·10, 11, 16, 17, 20) ;

(1) On trouve le cantique de Sergius : *Triodion*, ed. Ven. p. 281-287 ; ed. Rom. p. 5(6–516 ; W. Christ, *Anth. Christ.* p. 140–147 ; Pitra, *Anal.* I, p. 250-262 avec la traduction latine de Const. Lascaris ; en partie, dans E Miller, *Man. Philae carmina*, T. II, p. 317-333, avec le commentaire iambique de Philé.

(2) Nous continuons d'employer cette expression, qui a l'avantage d'être conforme à l'orthographe, mais il est entendu que le second dactyle reçoit un accent secondaire sur la finale, de manière à donner à l'incise une terminaison iambique ou masculine.

mais il ne l'emploie pas exclusivement. Si l'on se
reporte à la grande période Χαίρεις ὦ χαρᾶς de S. Sophrone (1), on y trouve douze salutations à la Vierge,
formant autant de lignes syntoniques, dont l'étendue varie de 11 à 18 syllabes. Les lignes 22, 23 et
24, 25 et 26, 28 et 29 offrent une symétrie parfaite
par l'isosyllabie et la syntonie ; il en est de même
des lignes 36 et 37 dans la période Ἀνθρώπων (2), des
lignes 47 et 48, 50 et 51 dans la période Οὐκέτι (3).
Mais ces correspondances résultent tout naturellement de la rigoureuse uniformité des désinences.
Le rythme de Sergius est beaucoup plus varié : il
comprend deux strophes alternatives qui se dérou-
lent jusqu'au huitième membre lyrique selon les
mêmes lois. Au huitième, dans les strophes de rang
impair, commence une série de douze salutations
ou ἐφύμνια à la Mère de Dieu (4). Les strophes de
rang pair ont, pour simple clausule, l'exclamation
ἀλληλούϊα, et servent, en quelque sorte, d'épodes à la
strophe principale (5). C'est donc celle-ci qu'il nous
faut surtout considérer. Les deux premiers membres
rythmiques sont l'un et l'autre heptasyllabes et
accentués sur la pénultième. Le quatrième et le
cinquième ont neuf syllabes et l'accent sur la

---

(1) P. 199, lignes syntoniques 21–35.

(2) *Ibid.*, 36–55,

(3) P. 200, 46–58.

(4) Ce nombre de douze semble être déjà fixé par la tradition
hymnographique.

(5) Nous n'avons pas cru nécessaire de citer un exemple de ces
strophes de rang pair. Ce phénomène du dédoublement du rythme
est d'ailleurs très rare chez les Mélodes, et les imitateurs de Sergius ne l'ont pas suivi dans cette voie.

finale ; les douze ἐφύμνια se correspondent deux à deux, syllabe par syllabe et accent par accent. Les deux premiers sont les plus courts : ils ont deux dactyles toniques, suivis de deux trochées, et une césure après le temps fort du second dactyle. — La 3ᵉ et la 4ᵉ salutations ont deux trochées suivis de trois dactyles, et la césure après la sixième syllabe. — La cinquième et la sixième salutations atteignent l'étendue *maximum* : elles ont 16 syllabes ; l'accent occupe les rangs impairs jusqu'à la césure qui est à la neuvième syllabe, et les rangs pairs depuis la césure jusqu'à la finale, qui est toujours accentuée. — La septième et la huitième salutations ont 14 syllabes , avec un repos au milieu ; les deux hémistiches se composent également d'un trochée, d'un dactyle et d'un trochée toniques. — Les quatre dernières salutations sont de douze syllabes, et accentuées d'abord sur la 1ʳᵉ et la 4ᵉ ; la césure vient immédiatement après ce choriambe initial. L'heptasyllabe qui suit est accentué sur la seconde et sur l'antépénultième dans le premier couple ; dans le dernier, l'accent recule d'un rang et affecte la troisième et la sixième syllabes. Enfin l'ἐφύμνιον général χαῖρε, νύμφη ἀνύμφευτε ramène la dipodie favorite.

3° On voit que les correspondances d'isosyllabie et de syntonie sont infiniment plus fréquentes et plus variées dans la strophe de Sergius que dans la période de S. Sophrone. Celle-ci n'admet qu'une seule désinence syntonique ; la strophe de Sergius en admet trois : Dans les salutations, les proparoxytons se présentent cinq fois à la désinence (10. 11, 16, 17, 20), les oxytons ou périspomènes deux fois

(12, 13), les paroxytons ou propérispomènes six fois, (8, 9, 14, 15, 18, 19). Les finales masculines gardent ainsi leur prépondérance et occupent sept places sur treize. Remarquons aussi les assonances ἐκλάμψει et ἐκλείψει, ἀνάκλησις et λύτρωσις, δυσανάβατον et δυσθεώρητον, λογισμοῖς et ὀφθαλμοῖς, ἀστήρ et γαστήρ. Tout dans cette strophe, même considérée isolément, révèle une disposition rythmique, ingénieuse et savante.

4° Après avoir considéré la disposition intérieure de la strophe isolée, il nous faut étudier l'ordonnance générale du cantique, et, avant tout, la correspondance des strophes entre elles. Les périodes oratoires de S. Sophrone sont indépendantes les unes des autres. Chacune a son mouvement propre et son allure particulière. Le nombre des incises, et, dans chaque incise, le nombre des syllabes, restent toujours libres d'un bout à l'autre du discours. Nous avons déjà observé qu'il n'en était plus de même dans le cantique de Sergius et que l'amplitude syllabique de la première strophe s'imposait rigoureusement aux strophes suivantes. Mais ce n'est là qu'une correspondance toute matérielle et qui ne suffirait pas à constituer un rythme lyrique. Les 220 syllabes de la strophe initiale se partagent en vingt incises, qui ont à leur tour une étendue syllabique déterminée ; ces vingt incises se retrouveront exactement dans toutes les strophes, avec la même étendue syllabique. Enfin, et c'est le caractère spécifique de ces rythmes nouveaux, la syntonie ne se produira plus seulement sur les désinences, elle s'étendra aux incises tout entières, et la correspondance aura lieu, non d'une incise à une autre incise, mais de la première strophe à toutes les strophes imitatrices. Pour se faire une idée exacte d'un tel rythme, il faut se représenter une ode de Pindare, la neuvième *Néméenne* par exemple, où il n'y a pas d'épodes. « Toutes les strophes y présentent exactement les mêmes combinaisons de syllabes longues et de syllabes brèves, depuis le premier mot jusqu'au dernier (1). » Il y aura donc dans chacune des onze strophes 97 syllabes, distribuées en cinq vers lyriques. Le premier sera un hexamètre, comme ceux d'Homère : mais la correspondance exigera que cet hexamètre soit formé, dans les onze strophes, des mêmes éléments quantitatifs. Nous aurons partout deux dactyles suivis d'un spondée, et deux autres dactyles suivis d'une autre spondée. Il n'y a pas là de substitution isochrone possible : le premier pied n'a pas le droit d'être un spondée, ni le troisième celui d'être un dactyle ; il faut que le rythme, une fois déterminé dans la strophe initiale, se maintienne jusqu'au bout. Il en sera de même des quatre autres vers lyriques : le second aura partout 23 syllabes, le troisième 19, le quatrième 27, le dernier 13 ; et toutes les syllabes de même rang dans les strophes auront la même quantité : la 33ᵉ sera partout longue, et la 34ᵉ partout brève.

Il en est de même dans le cantique de Sergius, si l'on substitue le principe tonique au principe quantitatif. Toutes les strophes ont 220 syllabes, comme la première, toutes les incises correspondantes ont

---

(1) Alfr. Croiset, *la Poésie de Pindare*, p. 57.

la même étendue syllabique, et toutes les syllabes sont toniques ou atones, selon que la syllabe de même rang dans la première strophe est accentuée ou ne l'est pas.

Des rythmes comme ceux de Pindare et de Sergius seraient inexplicables si une puissante inspiration lyrique ne les avait rendus nécessaires et formés à son usage. Cette inspiration n'est pas seulement dans le poète, comme une force intime et toute psychologique : il lui faut, pour produire de grandes œuvres, une tradition qui le guide et un milieu social qui le sollicite à épancher son génie. Pindare ne se comprend pas sans la Grèce elle-même, ni ses odes triomphales sans les jeux publics, ni ses rythmes sans Terpandre et Stésichore. De même, pour s'expliquer les mélodes, leurs cantiques et leurs rythmes, il faut se rendre compte de l'état social, religieux et littéraire de leur temps. La civilisation chrétienne, le développement du dogme, la splendeur du culte, la piété des peuples, tout invitait à la poésie. Mais, d'autre part, les anciens rythmes étaient morts, la quantité des syllabes n'était plus sensible, la langue elle-même s'était altérée. N'importe ; les fidèles se pressent dans les basiliques, la Vierge, Mère de Dieu, multiplie ses prodiges, la terre et le ciel réclament des cantiques : il faut chanter, et si l'ancienne versification n'est plus possible, qu'on chante en prose ! Et réellement l'on écrivit des cantiques en prose, et parce que les auteurs en composèrent eux-mêmes la mélodie, on les appela *mélodes* ; mais toutes ces paroles de prose étaient gouvernées et rendues vivantes par l'accent : c'est pourquoi l'accent devint l'âme de la mélodie, comme il était l'âme des paroles. Ces mélodies, exécutées dans les grandes Églises furent bientôt populaires, il fallut les répéter : on les répéta d'abord avec les mêmes paroles, puis on s'avisa de composer d'autres paroles avec les mêmes repos et les mêmes syllabes toniques, et la rythmique du nouveau lyrisme fut créée.

Le cantique de Sergius n'est donc pas, chronologiquement, la première création de l'hymnographie tonique. Dans le cours du sixième siècle, bien des essais durent précéder ce chef-d'œuvre et la syntonie s'exerça longtemps avant de devenir un rythme lyrique, comparable en richesse et en majesté aux anciens rythmes Doriens. Malheureusement, ces premières œuvres des mélodes sont perdues pour nous ; ou, si elles subsistent encore, oubliées et méconnaissables, dans les recueils liturgiques, nous n'avons aucune donnée pour en retrouver historiquement, soit la date, soit les auteurs. Sergius inaugure, non l'hymnographie elle-même, mais l'âge d'or de l'hymnographie ; son œuvre marque la dernière phase de la révolution rythmique, ou plutôt elle suppose cette révolution consommée, la prosodie tonique déjà complète et le nouvel art poétique arrivé à sa perfection.

Une dernière observation : « Si l'on compare entre elles, au point de vue du détail métrique, les odes de Pindare, on s'aperçoit qu'il n'y en a pas deux qui soient tout-à-fait semblables. Non seulement les poètes lyriques de ce temps ne s'empruntent jamais l'un à l'autre la combinaison métrique d'une strophe entière, mais il ne font même jamais d'emprunt de ce genre à leurs propres œuvres ; ils ne se répètent pas. Dans l'extrême souplesse métrique auquel le lyrisme est alors parvenu, il y a une telle variété de combinaisons possibles, que chacune, ainsi que la mélodie qui l'accompagne, est une création artistique personnelle, ayant sa physionomie originale.... Au contraire, chez les poètes de Lesbos, une même combinaison métrique pouvait servir à un nombre illimité de poèmes différents (1). »

Les combinaisons possibles du rythme tonique n'étaient pas moins variées que celles du lyrisme dorien. Le mélode restait complètement libre, soit pour l'amplitude des strophes, soit pour la distribution des accents ; il n'était pas même astreint, comme Pindare, à une certaine homogénéité de figures rythmiques imposées par la tradition. Cependant nous voyons les hymnographes revenir souvent sur leurs propres rythmes pour y adapter de nouveaux cantiques. C'est ainsi que Sergius, auteur de l'hymne ἀκάθιστος (2), serait aussi, d'après le cardinal Pitra, l'auteur de l'hymne *sur la Dormition de la Vierge*, dont nous avons cité la première strophe (3). De même les mélodes empruntent fréquemment les rythmes de leurs devanciers : le patriarche martyr Orestes, au commencement du xi° siecle,

---

(1) A. Croiset, *ibid.*, p. 59.

(2) Nous aurions dû dire déjà que l'hymne *Acathiste* était ainsi appelé, parce qu'on le chantait ou le récitait debout, comme notre *Te Deum* en Occident.

(3) P. 206. Cf. Pitra, *Anal.* p. XXXI et 263 ; Stevenson, *du Rythme dans l'hymnogr.* p. 7.

chante sur la mélodie de Sergius les louanges de son maitre, S. Sabas de Sicile (1). D'autres mélodes anonymes viennent à leur tour : dans le seul mois de novembre, nous trouvons les débris de plusieurs cantiques sur le rythme Ἄγγελος πρωτοστάτης (2). Enfin, de nos jours même, en 1869, un hymnographe schismatique reproduit, en l'honneur de Photius, nouveau saint de son Église, l'antique mélodie consacrée à la Mère de Dieu (3).

Il est facile d'expliquer cette différence entre l'ancien et le nouveau lyrisme. Pindare avait de bonnes raisons pour ne pas reproduire dans l'éloge de Théron d'Agrigente la mélodie qu'il avait composée en l'honneur de Hiéron de Syracuse. Les deux vainqueurs avaient l'un et l'autre, sur l'œuvre entière du poète, paroles et musique, des droits de propriété qu'ils ne se passaient pas mutuellement. Et quand Arcésilas de Cyrène demandait successivement, pour célébrer sa victoire aux jeux pythiques, deux odes triomphales, il entendait bien que la mélodie de la seconde ne fût pas la simple reproduction de la mélodie de la première. Le poète était donc tenu à chaque fois de créer tout le fond et toute la forme. A plus forte raison, un poète lyrique ne pouvait emprunter à un autre poète ses rythmes et ses mélodies : un tel plagiat eût été l'aveu public de son impuissance comme musicien, et répugnait par conséquent à la nature même de l'art.

(1) Plus haut, p. 209. Cf. Pitra, *Anal*. p. XLVI, et 298–313.

(2) *Men. Novembr.* éd. Ven. 1880, p. 20, en l'honneur de S. George, p. 28 ; à S. Joannice ; p. 48, à S. Lazare du mont Galèse.

(3) *Horologion*, éd. Ven. 1872, p. 282. Cf. Pitra, *Anal*. p. XLIX et Stevenson, p. 22.

Les conditions de l'hymnographie étaient toutes différentes. Les rythmes comme le langage lui-même devaient revêtir un caractère simple et populaire, pour être à la portée des multitudes. Il était utile, à ce point de vue, de ramener les mêmes mélodies à diverses solennités, pour les mieux graver dans les mémoires. Les choristes du mélode ne pouvaient être préparés à l'exécution musicale des cantiques avec la même sollicitude que les chanteurs de Pindare. Il s'agissait de donner une voix à la prière publique, et la prière publique était de tous les jours : il importait donc, pour le succès même relatif de l'exécution, que le recueil mélodique de la liturgie ne fût pas trop chargé. Enfin l'hymnographe lui-même était intéressé à restreindre le nombre de ses compositions musicales : la mélodie étant une fois réglée, il ne lui coûtait pas plus de travail pour composer deux ou trois cantiques isotoniques que pour doubler ou tripler l'étendue d'un seul.

En second lieu, l'hymnographie est un des genres littéraires les plus vivaces que nous présente l'histoire. Elle remonte au siècle de Théodose, et se maintient encore de nos jours, sans avoir parfaite conscience de ses traditions. Dans cette longue période de temps, il parut un nombre considérable d'hymnographes, et dans le nombre, beaucoup ne furent pas assez habiles musiciens, pour composer eux-mêmes une mélodie. Ils adoptèrent donc les rythmes antérieurs, déjà consacrés par les siècles, se guidant, pour le choix, tantôt sur le renom d'un ancien mélode et le culte qu'ils gardaient à sa mémoire, tantôt sur des préférences purement artistiques, tantôt enfin sur de simples caprices. Les strophes qui peuvent ainsi servir de types sont appelées εἱρμοί, et le livre où elles sont réunies a reçu le nom d'*hirmologe*. C'est l'étude de l'hirmus et de l'hirmologe, qui nous révélera en détail tous les secrets de la nouvelle prosodie.

Voici les conclusions que nous croyons pouvoir tirer de cette étude :

1° L'accent tonique exerça, de tout temps, une notable influence, directement sur la diction, et indirectement sur la prose oratoire.

2° Cette influence, contrebalancée à l'époque classique, par la quantité, devint prépondérante, quand la quantité s'affaiblit dans la prononciation.

3° Dès lors, les correspondances toniques, devenues les seules sensibles à l'oreille, furent recherchées par les orateurs, païens et chrétiens. Ce sont ces correspondances que nous avons appelées *syntonie*, en nous autorisant des textes d'Himérios, de S. Sophrone et de Photius.

4° En lui-même, le principe syntonique était absolument général, et pouvait s'appliquer, soit aux correspondances proparoxytoniques, soit aux correspondances d'oxytons et de paroxytons. Mais de fait, les désinences proparoxytoniques prirent le dessus, au point d'exclure les autres chez certains auteurs. Ces proparoxytons étaient d'ailleurs doublement accentués, ayant l'accent premier sur l'antépénultième conformément à leur nature et l'accent secondaire sur la finale, à cause du voisinage de la pause.

5° Le principe syntonique s'étendit quelquefois du

dernier pied tonique à l'avant-dernier, et il se produisit ce que nous avons appelé *une dipodie dactylique*, à la fin des incises. C'est à cette dipodie de six syllabes que s'arrêtèrent, dans les homélies byzantines, les correspondances régulières de l'accent.

6° Dans ces conditions, la syntonie était loin de constituer un rythme lyrique proprement dit. Car d'abord elle manquait de variété, ramenant toujours, à de petits intervalles, les mêmes désinences. En second lieu, elle manquait d'uniformité, puisqu'elle bornait son influence à une seule dipodie tonique. Enfin elle manquait d'amplitude et de force de cohésion, étant incapable de relier entre elles les phrases et les périodes, par un lien mélodique.

7° L'hymnographie donna à la syntonie ce qui lui manquait encore en variété, en uniformité, en amplitude et en force de cohésion. Pour varier les rythmes, elle accueillit aussi bien les paroxytons, désinences féminines, que les proparoxytons et les oxytons, désinences masculines. Pour les rendre uniformes, elle étendit les correspondances toniques aux incises tout entières, en remontant du dernier pied au premier. Elle resserra la cohésion et augmenta l'amplitude, soit en reliant entre elles les incises par des correspondances plus exactes et plus nombreuses, quelquefois même par des assonances et des rimes ; soit surtout en faisant, des diverses phrases des cantiques, de véritables strophes, d'une étendue syllabique constante, avec des repos symétriquement ménagés, et des accents, *ou temps forts toniques,* affectant les syllabes de même rang.

NOTE

—

LES HOMÉLIES SYNTONIQUES DU SEPTIÈME
AU DIXIÈME SIÈCLE

La syntonie s'est maintenue dans le genre oratoire pendant les premiers siècles du moyen-âge byzantin. Pour nous faire une idée de cette influence persistante, nous avons dressé rapidement le catalogue des homélies syntoniques qui se rencontrent dans les volumes LXXXV-C, de la *Patrologie grecque* de Migne. Il est bien entendu que les œuvres hymnographiques, sont exclues de cette liste.

T. LXXXV. — La syntonie est très fréquente dans les homélies de Basile de Séleucie, p. 28-473 : continuelle dans les œuvres d'Antipater de Bostres, p. 1764-1796.

LXXXVI. — Eusèbe d'Alexandrie multiplie les incises terminées par un trochée tonique, p. 313-461. — Les discours dialogués d'Eusèbe d'Emèse (attribution douteuse) sur la descente de S. Jean-Baptiste aux Enfers, et sur la trahison de Judas, p. 509-536, sont plus curieux par leur caractère dramatique que par la syntonie, rendue presque impossible par la multitude des citations scripturaires. — Il y a peu de traces de syntonie dans les œuvres de Léontius de Byzance et du patriarche Eutychius ; en revanche elle triomphe dans le discours d'Eulogius d'Alexandrie, dont nous avons parlé plus haut, dans la lettre de Zacharie de Jérusalem à son Église désolée, p. 3228, et dans l'opuscule anonyme sur *la Captivité persique*, p. 3236. — Il y a aussi un rythme caché dans le discours sur la *Dormition de la Vierge*, par le patriarche Modeste.

LXXXVII. Toutes les œuvres en prose de S. Sophrone sont en style syntonique : la fameuse lettre *synodique* à Sergius, p. 3148, les homélies sur l'Annonciation, p. 3217, sur l'Exaltation de la Croix, p. 3301, les panégyriques de S. Jean-Baptiste, p. 3321, des apôtres Pierre et Paul, p. 3355, tout l'ensemble des œuvres relatives aux martyrs Cyrus et Jean, p. 3380-3695, la vie de Sainte Marie Égyptienne, p. 3697. Quant au *Triodion*, publié par Ang. Maï, et reproduit par Migne sous le nom de S. Sophrone, nous prouverons ailleurs qu'il appartient à S. Joseph l'hymnographe. — Remarquons encore les fragments syntoniques de l'homélie du moine Alexandre sur l'invention de la Sainte-Croix, particulièrement les salutations χαίροις τοίνυν, p. 4072, et plus loin, p. 4084.

LXXXVIII. — Panégyrique de tous les martyrs, par le diacre Constantin, p. 480. — Une bonne partie du livre *du Pasteur* de S. Jean Climaque, p. 465. — Dans le discours de Grégoire d'Antioche, p. 1848, les désinences oxytoniques dominent ; au contraire les proparoxytons sont plus nombreux, dans un autre discours, p. 1872. — Homélie de Jean le Jeûneur *sur la Pénitence*, p. 1937.

LXXXIX. — Tous les discours d'Anastase le Sinaïte, en particulier le sermon *sur les défunts*, p. 1192 (comparer le cantique d'Anastase pour les funérailles : Card. Pitra, *Anal.* I. p. 242) — Nombreux passages syntoniques dans les homélies d'Antiochus, moine de S. Sabas, p. 1431.

XCIII. — Quelques traces de syntonie dans les œuvres d'Hésychius, par exemple, p. 1468 et 1479 — Passages plus remarquables dans les sermons de Léontius de Chypre, p. 1565, et dans la vie de S. Siméon Salus, p. 1669.

XCVI. — Homélies de S. Jean Damascène, avec le dactyle ionique presque constant : p. 545-813; comparer les salutations de l'homélie sur l'Annonciation, p. 649, à celles de S. Sophrone, de Sergius, du moine Alexandre.

XCVII. — Discours d'André de Crète, p. 805–1301 ; les finales paroxytoniques sont assez fréquentes, mais le dactyle est dominant.

XCVIII. — Dans les œuvres de S. Germain, remarquer encore les douze salutations : χαίροις τοιγαροῦν, p. 304, et surtout les deux dialogues, p. 321, entre la Vierge et l'Ange, et p. 332, entre la Vierge et son époux Joseph. (L'acrostiche alphabétique est double, les deux interlocuteurs commençant par la même lettre). Cependant la syntonie n'est pas très-sensible. — Le sermon sur l'Epiphanie du diacre Pantaléon, p. 1244 et l'homélie sur la Présentation de Marie au temple par le patriarche Taraise, p. 1481, sont plus remarquables sous ce rapport.

XCIX. — Dans certaines parties des discours de S. Théodore Studite, nous retrouvons presque la régularité syntonique de S. Sophrone. Voici encore les douze salutations, tant de fois signalées, p. 725.

C. — La vie de S. Etienne le jeune par son homonyme, diacre de Constantinople, est en style syntonique fort soutenu. L'auteur semble d'ailleurs l'annoncer au début, p. 1072. — Voir encore l'éloge de S. Marc, par le diacre Procope, p. 1188. — Dans quelques sermons de Georges de Nicomédie, p. 1335, les finales paroxytoniques semblent dominer, dans d'autres au contraire, la dipodie dactylique revient régulièrement.

Nîmes. — Imp. Lafare frères, pl. de la Commune.

9 782019 150570